Hans Stoffelchen

**Ein Bilderbuch von Bettina Stietencron
mit Versen von Marianne Garff**

Verlag Freies Geistesleben

Es war einmal ein kleiner Tropf
mit spitzer Mütze auf dem Kopf,
mit Holzpantoffelchen,
der hieß Hans Stoffelchen.

Er wohnte in dem Scheunenfach
ganz oben unterm Giebeldach
und guckte gern herfür
aus seiner kleinen Tür.

Und einmal lugt er auch heraus
und baumelt seine Beinchen 'naus,
da fiel herab, o Schreck,
Pantoffel und war weg.

Ich nahm mir einen Lindenast
und schnitzte ohne Ruh und Rast
zwei Schuhe hübsch und neu
und stellte sie ins Heu.

Gleich kam der Wichtelmann daher,
bedankte sich und freut sich sehr

und mochte gar nicht ruhn
in seinen neuen Schuhn.

Er wirkelte und werkelte,
er häckelte und härkelte
und putzte unser Haus
ganz wundernett heraus.

Du siehst ihn durch das Schlüsselloch,
er fegt und schrubbt und scheuert noch,

die Schuhe klappern mit:
di klipp di klapp di klipp!

Weitere Bilderbücher von Bettina Stietencron
im Verlag Freies Geistesleben

Klumpedump und Schnickelschnack

Ich bin ein großer brauner Bär

Der kleine Haulemann

Das Waldhaus

*Der Fischerssohn, der Rappe
und der Schimmel*

Das Gedicht über Hans Stoffelchen, «Es war einmal ein kleiner
Tropf», ist dem Band *Es plaudert der Bach. Gedichte für Kinder*
von Marianne Garff (7. Auflage 1984) mit freundlicher Genehmigung des Verlags Die Pforte, Dornach / Schweiz, entnommen.

7. Auflage 2020

Verlag Freies Geistesleben
Landhausstraße 82, 70190 Stuttgart
www.geistesleben.com

ISBN 978-3-7725-1834-8